LA POLÉMIQUE

ET

LES AFFAIRES

A L'OCCASION

DES GRANDS TRAVAUX DE PARIS

INAUGURATION DU BOULEVARD MALESHERBES

D'APRÈS LE MONITEUR UNIVERSEL

PRIX : 1 fr. 50 c.

PARIS

CHEZ E. DENTU, LIBRAIRE-ÉDITEUR

PALAIS-ROYAL, GALERIE D'ORLÉANS

1861

LA POLÉMIQUE

ET

LES AFFAIRES

A L'OCCASION

DES GRANDS TRAVAUX DE PARIS

LA POLÉMIQUE

ET

LES AFFAIRES

A L'OCCASION

DES GRANDS TRAVAUX DE PARIS

INAUGURATION DU BOULEVARD MALESHERBES

D'APRÈS LE MONITEUR UNIVERSEL

PARIS

CHEZ E. DENTU, LIBRAIRE-ÉDITEUR

PALAIS-ROYAL, GALERIE D'ORLÉANS

—

1861

AVERTISSEMENT

Le travail qui fait l'objet de la présente publication a été écrit sous l'impression d'une situation générale de l'opinion et des affaires qui s'est beaucoup améliorée depuis quelques semaines. Les constructions de Paris, ce magnifique complément des œuvres de progrès pacifique qui s'exécutent dans tout l'Empire, venaient de fournir à une certaine partie de la presse l'occasion d'une campagne malencontreuse qui avait jeté le trouble dans les esprits et alarmé les intérêts. A une telle polémique, il fallait opposer, non un plaidoyer de défense, mais une contre-partie énergique qui permettrait de prendre l'offensive contre de stériles négations, au moyen des données positives de la science économique. Il fallait dégager le char de la civilisation des nuages de poussière dont on était parvenu à l'environner et de quelques embarras secondaires.

C'est ce que nous avons tenté d'effectuer au triple point de vue des intérêts de l'Etat, des intérêts de la Ville de Paris et des intérêts légitimes de l'industrie privée. Pendant que le publiciste travaillait et se livrait à la partie la plus difficile de son œuvre, qui était de la produire au grand jour, les événements ont marché. L'inauguration du boulevard Malesherbes a eu lieu. L'Empereur a parlé. Lui, le principal intéressé dans toutes nos grandes affaires d'amélioration sociale parce qu'il en a l'initiative et la responsa-

bilité, il a couvert de son approbation souveraine les efforts combinés que l'administration, la finance et l'industrie ont faits pour
réaliser, en un si court espace de temps, de si magnifiques résultats. A sa voix, répercutée jusque dans les plus humbles hameaux par les améliorations qu'elle y provoque « à l'instar de
Paris, » les affaires se sont ranimées et le char de la civilisation a
repris sa marche temporairement entravée.

Ce n'était pas le moment d'interrompre l'étude des questions à
élucider et dont le véritable aspect est à peine entrevu du public.
Le directeur du journal *le Pays* en a jugé ainsi, et il a bien voulu
nous accorder dans ses colonnes une honorable hospitalité.
M. Paulin Limayrac voudra bien nous permettre de lui en exprimer notre reconnaissance bien sentie.

Grâce à la publicité que les divers fragments ont obtenue dans
un organe accrédité de la presse quotidienne, l'ensemble du travail a désormais plus de chance d'attirer l'attention qu'il recherche et qui semble être due, non à l'œuvre elle-même, mais aux
questions qu'elle pose. Ces questions vont bien au delà de l'édilité parisienne et de l'industrie du bâtiment. Si même notre premier effort peut présenter un résultat incontestable, c'est celui de
dégager l'édilité parisienne et l'industrie du bâtiment de certaines responsabilités qui leur ont été bien mal à propos attribuées.

Travailleur solitaire, nous avons été plus heureux que surpris
de voir qu'en se laissant guider avant tout par le désir du bien,
notre pensée se soit élevée à un pressentiment de ce que l'Empereur avait l'intention de faire, et qu'il a fait, avec la simple grandeur qui lui est habituelle, le 13 août dernier. Une telle sanction
fixe l'attention des plus indifférents, suscite à nouveau la réflexion
des esprits les plus prévenus, et encourage les efforts des plus
humbles.

Le discours de M. le préfet de la Seine forme à la fois le complément d'information dont le public avait besoin sur les travaux accomplis et le meilleur point de départ des nouvelles études à poursuivre.

C'est par ces divers motifs, et non par vaine ostentation, que le compte rendu officiel de l'inauguration du boulevard Malesherbes est ici reproduit.

JULES LECHEVALIER SAINT-ANDRÉ.

aris (Batignolles), 4, rue Saint-Georges, 9 Septembre 1861.

INAUGURATION

DU

BOULEVARD MALESHERBES

13 AOUT 1861

Le boulevard Malesherbes, dont la création appartient à ce vaste ensemble de travaux utiles, qui ne sont pas un des moindres titres du gouvernement de l'Empereur à la reconnaissance publique, a été solennellement inauguré aujourd'hui.

Sa Majesté est sortie des Tuileries en voiture découverte, vers quatre heures et demie. Elle avait à ses côtés MM. le comte de Persigny, ministre de l'intérieur, le général Rolin, adjudant général du palais, et le colonel d'état-major comte Reille, l'un de ses aides de camp.

L'Empereur est arrivé par la rue de Rivoli et la rue Royale à l'entrée du nouveau boulevard, dont une brillante décoration rehaussait l'aspect grandiose. Partout une foule pressée occupait les abords de la voie, tandis que des milliers de curieux avaient pris place aux croisées et presque sur les toits des maisons voisines. A droite de la chaussée, la garde nationale de Paris, et à gauche la garde impériale, formaient la haie. Au delà du point culminant du boulevard, la haie était faite par la troupe de ligne. Des cris enthousiastes, poussés de toutes parts et par la troupe, et par la garde nationale, et par le public, n'ont cessé de se faire entendre sur le passage de Sa Majesté.

A cinq heures, l'Empereur est arrivé sous la tente élégamment décorée qui avait été disposée pour le recevoir, et où le corps municipal, ayant à sa tête le préfet de la Seine et le préfet de police, attendait Sa Majesté. Le côté droit de cette vaste tente était réservé aux membres des grands corps de l'État, à la Maison de l'Empereur et aux hauts fonctionnaires de toutes les grandes administrations; l'autre côté était tout entier occupé par le conseil municipal, les maires et adjoints de Paris, les sous-préfets, les conseillers de préfecture, les chefs de service de la préfecture. Parmi les pers nnes qui entouraient l'Empereur, on remarquait S. Exc. le ministre des finances et LL. EExc. le maréchal commandant le premier corps d'armée, le maréchal commandant en chef la garde impériale, le général commandant en chef la garde nationale, le grand-référendaire du Sénat, etc.

Le préfet, — accompagné du secrétaire général de la Préfecture de la Seine, et ayant à ses côtés le préfet de police, M. Dumas, sénateur, président du conseil municipal, MM. Ferdinand Barrot, sénateur, et Chaix d'Est-Ange, procureur général, vice-présidents du conseil municipal, M. Langlais, conseiller d'État, secrétaire, — a prononcé le discours suivant :

« Sire,

» Le boulevard Malesherbes, que Votre Majesté daigne inaugurer, a été décrété une première fois en 1808. L'Empereur Napoléon Ier n'attribuait pas seulement à cette voie magistrale, dont le projet est contemporain du plan de la Madeleine, le mérite de répéter d'une manière exactement symétrique, à droite du monument, la ligne des boulevards intérieurs qui vient y aboutir à gauche, et de donner un débouché normal à des quartiers perdus au delà d'un dédale de rues étroites, sur les escarpements des coteaux qui limitaient alors Paris. Ce mer-

veilleux génie, à qui rien n'échappait, avait aussi compris
qu'une large communication, dirigée vers le point le moins
élevé de l'obstacle, à douze mètres environ plus bas que la
place de l'Etoile, était appelée indubitablement à une importance commerciale de premier ordre. En effet, au delà de ce
seuil, aujourd'hui si facile à franchir, et dans le prolongement
même du nouveau boulevard que nous venons d'y percer, on
retrouve la Seine, ramenée vers Paris après un long détour, et
à une distance si peu considérable que la plage d'Asnières,
située à 16 kilomètres au-dessous du port de Grenelle, ne va pas
être désormais plus éloignée que celui-ci de la place de la Madeleine, et deviendra, selon toute apparence, pour l'approvi-
sionnement des quartiers de la rive droite, en provenances de
la basse Seine, un utile auxiliaire du bassin de la Villette.

» Chargée par votre Majesté, dès 1854, de reprendre le pro-
gramme de l'Empereur Napoléon Ier, l'administration municipale de Paris a considéré une pente aussi faible que possible
comme la condition essentielle de la voie projetée, et c'est pour
cela que le tracé primitif a été légèrement dévié entre la rue de
la Pépinière et l'ancien boulevard extérieur, et qu'on n'a pas
reculé devant la nécessité d'énormes déblais et de raccorde-
ments laborieux pour établir la chaussée suivant une inclinai-
son uniforme (17 millimètres par mètre seulement).

» Toutefois, de la place de la Madeleine à la rue de la Pépinière, d'autres difficultés bien autrement sérieuses nous atten-
daient. Là, on voyait encore, en 1829, de vastes terrains,
libres de toute construction, sur lesquels il eût été facile de
réaliser à peu de frais, ou tout au moins de ménager l'exécution du plan de 1808. Par quelle singulière préoccupation
méconnut-on alors l'importance capitale d'un tel projet? Je ne
saurais le dire. Toujours est-il qu'à dater de cette époque furent
édifiées les dix-sept belles maisons des rues de la Ville-l'Evêque,
de la Madeleine, Lavoisier et Rumfort, que nous avons dû ex-
proprier à grands frais, et dont on nous reproche si amèrement
la démolition, alors qu'il serait plus juste de s'en prendre à
ceux qui les ont imprudemment laissé construire !

» Quoi qu'il en soit, en ajoutant à ces **17** maisons **22** anciennes constructions plus ou moins importantes que le tracé
du boulevard a renversées, entre la place de la Madeleine et la
rue de la Pépinière, et **45** masures qui existaient entre cette
rue et l'ancien boulevard extérieur, on trouve un total de **84**
habitations pour expression du sacrifice qu'a imposé à la population de Paris l'ouverture d'un boulevard de **1,550** mètres
de long sur **34** mètres de large, dont le prolongement à travers
la vaste plaine de Monceaux jusqu'à la porte de l'enceinte fortifiée, où commence la route d'Asnières, n'a pas moins de
1,270 mètres de parcours et n'a coûté que la démolition d'une
douzaine de constructions misérables.

» Or, les maisons nouvelles, en cours d'exécution ou en projet, qui borderont avant la fin de l'année prochaine les deux
côtés du boulevard dans l'ancien Paris, sont au nombre de
114, et il est impossible de prévoir combien il pourra s'en élever sur les immenses terrains qui bordent les rues transversales
et qui sont demeurés inutiles jusqu'à ce jour, faute d'issues.
Quant à la plaine de Monceaux, ce n'est pas un quartier nouveau, c'est une ville entière qui s'y fonde, et nul ne saurait en
calculer le développement !

» En effet, s'il a fallu plus d'un demi-siècle pour mettre en
évidence la grandeur de la conception de 1808, il n'est personne
aujourd'hui que ne frappe le rapprochement qui vient d'être
subitement opéré entre des points que la difficulté seule des
communications tenait éloignés jusqu'à présent les uns des
autres. L'emplacement de l'église Saint-Augustin n'est pas plus
distant de la Madeleine que le pont de la Concorde ou l'entrée
de la rue de la Chaussée-d'Antin ; la grille du parc de Monceaux, que le rond-point des Champs-Elysées ou l'entrée du
faubourg Montmartre ; enfin, la place où se termine le prolongement du boulevard Malesherbes près de l'enceinte fortifiée,
que l'entrée de l'avenue de l'Impératrice ou la Porte-Saint-
Martin.

» Le percement de la rue de Rivoli, entre la place du Louvre
et l'Hôtel de Ville, sur un parcours de **940** mètres et une lar-

geur réduite de 22 mètres, a fait disparaître 230 maisons et n'a donné lieu qu'à 89 reconstructions. L'ouverture du boulevard de Sébastopol entre la place du Châtelet et le boulevard Saint-Denis, sur un parcours de 1,400 mètres et une largeur de 30 mètres, a enlevé 458 maisons et n'en a fait reconstruire que 204. Personne aujourd'hui, cependant, ne regrette ces opérations : chacun sait, en effet, que toute voie de grande circulation, indépendamment des édifices qui s'élèvent sur ses bords, fait surgir des milliers d'habitations dans les quartiers extrêmes qu'elle dessert. Les grands travaux commencés en 1853 dans le centre de la ville ont nécessité, en huit ans, 2,494 démolitions; mais ils ont provoqué 17,821 reconstructions ou constructions nouvelles.

Néanmoins, après avoir fait exécuter à travers le vieux Paris les grands percements qu'il était impérieusement nécessaire d'y entreprendre sans retard, Votre Majesté a permis que l'administration municipale concentrât ses efforts sur les portions du plan général d'améliorations dû à votre féconde initiative qui devaient exiger de moins douloureux sacrifices. C'est dans cet esprit qu'a été conçu le système de travaux sanctionné par la loi du 28 mai 1858, et dont le boulevart Malesherbes est le premier résultat. Cependant, chose étrange ! cette entreprise a été le point de mire des déclamations les plus ardentes !

» Lorsque des populations industrieuses et commerçantes ont été profondément troublées dans leurs intérêts par l'ouverture de la rue de Rivoli et du boulevard de Sébastopol, elles ont subi avec respect pour l'utilité publique régulièrement déclarée, et sans vains murmures contre l'autorité qui en était l'organe, les déplacements les plus pénibles, et cette année, lorsqu'il nous a fallu, non plus bouleverser des ateliers et des magasins, dont la clientèle et la prospérité tiennent souvent à une situation donnée, mais seulement déranger les habitudes de personnes favorisées de la fortune, pour lesquelles un changement de domicile n'est qu'un ennui passager, nous avons dû subir des violences de langage sans exemple !

» On conçoit que ces personnes, peu familiarisées avec les dures nécessités que les devoirs de la vie réservent à d'autres, aient éprouvé, en matière d'expropriation, une surprise désagréable de se trouver atteintes par la règle démocratique de l'égalité de tous devant la loi ; mais que leurs doléances aient trouvé des échos passionnés parmi ceux qui se prétendent libéraux par excellence, c'est un fait que l'intention systématique de contredire tous les actes de l'administration suffit à peine à expliquer.

» Avant un an, l'ouverture du boulevard du Prince-Eugène, sur un parcours de 3,500 mètres, de la place du Château-d'Eau à la place du Trône, et le règlement de l'esplanade de 1,600 mètres de long sur 60 mètres de large, qui remplace déjà le canal Saint-Martin, de la rue de la Tour à la Bastille, auront produit une transformation complète des espaces incommensurables qui étaient naguère encore à l'état de culture maraîchère, au nord-est de la ville ; transformation non moins radicale que celle opérée, au nord-ouest, par le percement du boulevard Malesherbes, et par le dégagement de la plaine de Monceaux. Nous aurions été en mesure de livrer aussi dès à présent ces grandes artères à la circulation, si nous n'avions craint de troubler les plaisirs des classes laborieuses, en démolissant les théâtres qu'elles préfèrent avant la reconstruction de nouvelles salles.

Sur la rive gauche, le prolongement du boulevard de Sébastopol, l'ouverture du boulevard Saint-Marcel et le percement des lignes projetées, des deux côtés de la montagne Sainte-Geneviève, dans la direction de cette vallée de la Bièvre, qui est tout à la fois inabordable et insalubre, doivent causer aussi une révolution complète, qui s'annonce déjà par la construction du nouveau quartier Rollin.

» Plus à l'ouest, le prolongement de l'avenue de Latour Maubourg et l'ouverture du boulevard de l'Alma feront cesser l'isolement actuel des terrains situés derrière les Invalides et l'École Militaire, en les reliant directement aux Champs-Élysées, et appelleront de ce côté encore le mouvement et la vie, andis qu'en face les percements projetés dans Chaillot et l'achèvement des avenues rayonnant autour de la place de l'Étoile, compléteront le *West End* du Paris nouveau.

» Ainsi, dans toutes les directions, la population exubérante de Paris trouvera bientôt des quartiers neufs aussi vastes que beaucoup de villes, et pourra se répartir entre eux selon ses besoins et ses goûts; car la spéculation, qui possède à merveille l'intelligence de ses intérêts, cessera certainement d'élever des maisons de luxe dès qu'il sera vrai que la ville en renferme assez.

» Au reste, il s'en faut bien qu'aujourd'hui elle construise exclusivement pour les classes riches, comme on l'affirme avec tant d'assurance. Sans doute, sur les terrains de haut prix bordant les grandes voies de circulation que chacun fréquente, on ne voit guère que des constructions de cet ordre, et cela se comprend facilement; mais il n'en est pas de même partout. Malheureusement, on l'ignore, parce que ceux qui font l'opinion, ceux qui parlent ou qui écrivent, ne vont pas beaucoup plus que le beau monde dans les quartiers où se trouvent les habitations destinées aux classes laborieuses.

» 9,023 logements nouveaux ont été, je ne dis pas seulement achevés, mais encore occupés, pendant l'année 1860, et sont devenus passibles de la contribution mobilière. Or, si l'on compare les rôles de 1861, où ils figurent, et ceux de 1860, où ils n'étaient pas encore, on trouve que, d'une année à l'autre, les diverses catégories de contribuables se sont accrues de la manière suivante : on a taxé 671 logements de plus dans celle de 1,500 fr. de loyers et au-dessus; 330 dans celle de 1,000 à 1,500 fr.; 1,030 dans celle de 500 à 1,000 fr., et 5,270 dans celle de 250 à 500 fr. On a complétement exonéré, d'ailleurs, de toute contribution, 1,722 logements de plus que par le passé, comme ne payant qu'un loyer inférieur à 250 fr.

» Ces chiffres sont, je le sais, de nature à contrarier bien des partis pris; mais ils sont irrécusables, et ils démontrent avec évidence que l'on bâtit encore plus à Paris pour les classes peu aisées que pour les autres.

» En vain prétendrait-on que les accroissements de nombre constatés dans chaque catégorie de contribuables peuvent provenir de l'élévation des loyers, qui aurait fait monter de catégorie certains logements. Comme le total d'aucune classe n'a diminué, l'argument irait contre son but; car, plus on voudrait que le mouvement ascensionnel eût été considérable, plus on devrait admettre que la production des petits logements eût été grande, au bas de l'échelle.

» Il faudra bien qu'on finisse par avouer que les grands travaux de Paris, loin d'avoir causé la cherté des loyers dont on se plaint, ont eu et ont incessamment pour effet de la tempérer, autant que possible, en excitant la construction sur une foule de nouveaux points, et en provoquant peu à peu une concurrence qui ne peut manquer de tourner finalement à l'avantage des locataires.

» Au reste, l'enchérissement des loyers n'est pas un fait propre à Paris. Il est général en France, et doit être attribué, dès lors, à des causes communes qu'il ne m'appartient pas de rechercher, et non à des circonstances particulières dont l'administration municipale de Paris soit responsable. S'il coïncide ici avec un prodigieux accroissement de population (près de 500,000 âmes en dix ans!), il faut même se féliciter qu'il n'y ait pas été proportionnellement beaucoup plus grave que sur certains autres points de l'Empire.

» Une autre accusation non moins injuste est adressée avec non moins de persévérance aux grands travaux de Paris : c'est celle de ruiner la ville! A en croire certaines personnes, dont la presse étrangère reproduit avec complaisance les assertions, nous en serions déjà aux expédients pour faire face à nos engagements à mesure qu'ils deviennent exigibles. — Il est aisé, fort heureusement, de dissiper ces calomnies.

» Les dépenses des grands travaux de Paris sont l'objet d'une comptabilité spéciale. On y fait face au moyen de ressources de crédit, limitées annuellement par la loi de finances, et remboursées graduellement, au moyen de la réalisation des prix de revente de terrains et de matériaux, des subventions dues par l'Etat, et enfin des prélèvements opérés sur les revenus de la Ville, dans la mesure des besoins. La comptabilité spéciale, dont le bilan mensuel se contrôle aux ministères de l'intérieur et des finances, est soumise tous les ans au Corps législatif, en même temps que la situation des travaux, et il y a deux mois à peine que cette assemblée, par l'organe de sa commission du budget, se déclarait pleinement satisfaite de l'une et de l'autre justifications.

» Quant à la Ville, dont les revenus sont la garantie des valeurs de la Caisse des travaux de Paris, le compte de ses recettes et de ses dépenses en 1860, sur lequel le conseil municipal délibérait il y a peu de jours, fait ressortir un boni définitif de 18,733,463 fr. 66 c. Or, le boni de 1859, atténué de près de 2 millions par des dettes provenant des communes annexées à Paris, atteignait à peine 14 millions. Les ressources de l'exercice 1860 ont donc excédé ses charges de près de 5 millions, qui sont venus non-seulement rétablir, mais encore accroître les réserves accumulées par la prudence traditionnelle de l'administration municipale. En réglant le budget supplémentaire de 1861, le conseil a eu d'ailleurs l'occasion de supputer les résultats probables de l'exercice courant, et de s'assurer que, tous les services pourvus, ces réserves se trouveront portées l'an prochain à 20 millions au moins. Enfin, nos moyens de trésorerie sont plus que suffisants pour le mouvement de nos affaires.

» Ce matin, la caisse municipale avait en numéraire ou en compte courant, à la Banque et au Trésor public, une somme de plus de 30 millions (30,182,931 fr. 26 c.)

» Il y a loin de là aux embarras qu'une malveillance infatigable persiste à nous prédire, malgré les démentis de chaque année.

» Votre Majesté excusera les détails dans lesquels j'ai cru nécessaire d'entrer devant Elle, sur la bonne situation financière de la ville. C'est notre honneur de l'avoir maintenue intacte jusqu'à ce jour, en poursuivant tout à la fois l'accomplissement des nombreuses et importantes améliorations que réclament les divers services publics et l'exécution des vastes plans conçus par l'Empereur pour l'assainissement, l'embellissement et l'agrandissement de sa capitale. Nous saurons la sauvegarder efficacement dans l'avenir comme dans le passé. Plus nous sommes certains que l'histoire, qui jugera les choses de notre époque avec justice, tiendra cette transformation de Paris pour l'un des actes les plus mémorables du présent règne, plus nous mettrons de vigilance à ne donner aux détracteurs de Sa Majesté aucun prétexte pour l'accuser d'avoir sacrifié la fortune de la ville à l'éclat de sa gloire.

» Dans l'ancienne Rome, les grands travaux d'édilité ont, de tout temps, été comptés au nombre des titres les plus importants des chefs de l'Etat, rois, consuls et empereurs, à la reconnaissance publique ; les deux principales charges d'édile avaient rang parmi les magistratures curules ; la préfecture urbaine, création des anciens rois, rétablie par l'empereur Auguste, était une dignité réservée aux personnages consulaires, et l'éloge suprême qu'on a décerné au neveu de César est d'avoir embelli le siége de l'empire : *Urbem, neque pro majestate imperii ornatam...... excoluit adeo, ut jure sit gloriatus, marmoream se relinquere, quam lateritiam accepisset* (1).

» Sire, nos descendants, qui recueilleront les fruits de la constante sollicitude de Votre Majesté pour tout ce qui se rapporte à l'édilité parisienne, constateront que, chez nous aussi, le neveu de César a renouvelé la ville impériale, mais surtout afin d'accroître le bien-être de ses sujets, et que par sa persévérance dans cette laborieuse entreprise, au milieu des soucis du Gouvernement d'un grand peuple, Votre Majesté a bien mérité de son temps et de la postérité.

» *Vive l'Empereur !* »

(1) SUÉTONE, *Oct. Aug.* XXIX.

Sa Majesté a répondu :

« MESSIEURS,

» L'inauguration d'une voie de communication nou-
» velle n'a plus rien d'extraordinaire aujourd'hui, et
» je n'en aurais pas fait une cérémonie publique si je
» n'avais voulu témoigner ma sympathie au Conseil
» municipal qui s'occupe avec un zèle constant des in-
» térêts de la Ville, ma satisfaction au Préfet de la
» Seine pour sa persévérance infatigable à poursuivre
» un grand but, enfin mon approbation à tous ceux
» dont le concours seconde si bien ses efforts.
» Les embellissements de la capitale, une fois ter-
» minés, excitent l'admiration générale, mais pendant
» leur exécution ils soulèvent toujours des critiques et
» des plaintes. C'est qu'il est impossible dans de telles
» entreprises de ne pas léser momentanément certains
» intérêts ; le devoir de l'Administration est néanmoins
» de les ménager, sans s'écarter de la marche à suivre.
» — Cette marche, vous la connaissez : imprimer de
» l'activité au travail, une vie nouvelle aux industries
» et au commerce de Paris, en les dégageant des
» entraves qui en gênaient le développement ; — pro-
» téger les classes les moins favorisées ; — combattre
» le renchérissement des denrées les plus nécessaires.
» Pour atteindre le premier de ces résultats, le Gou-
» vernement a fait un grand pas, et, vous l'apprendrez
» avec plaisir, depuis le traité de commerce avec l'An-

» gleterre, l'exportation des articles de Paris a déjà
» presque doublé.

» Quant à ce qui concerne l'administration de la
» Ville, en reportant le mur de l'octroi aux fortifica-
» tions, en rapprochant par de larges voies les extré-
» mités du centre, elle tend à égaliser, dans cette vaste
» enceinte, le prix de toute chose, elle donne de la vi-
» talité, de la lumière, de la valeur à des quartiers
» déshérités, de l'occupation à une foule d'industries
» et du mouvement au commerce.

» D'un autre côté, je félicite la Ville des mesures
» prises ou adoptées pour améliorer le sort de la classe
» la plus nombreuse. Ainsi, elle s'occupe d'amener à
» Paris de l'eau qu'on payera moins cher, elle exonère
» de l'impôt les loyers au-dessous de 250 fr. ; elle a
» organisé la boulangerie de manière à ce que, dans
» un cas de disette, le pain ne pourra pas excéder un
» certain taux ; elle cherche à diminuer le prix de la
» viande, non-seulement par la liberté de la boucherie,
» mais encore par la création d'un marché unique qui
» garantira mieux l'intérêt du consommateur ; enfin,
» elle multiplie partout les églises, les écoles et les
» établissements de bienfaisance.

» Pour travailler suivant le même ordre d'idées, je
» vous recommande surtout, dans l'examen de votre
» budget, de réduire, autant que les finances le per-
» mettront, les droits qui pèsent sur les matières de
» première nécessité.

» Par là vous acquerrez de nouveaux titres à ma re-
» connaissance, car si la capitale d'un grand empire
» s'honore par ces monuments qui rappellent la gloire

» des armes et attestent le génie des sciences et des
» arts, elle ne s'honore pas moins par les institutions
» qui témoignent d'une sollicitude incessante pour
» ceux qui souffrent et d'un zèle éclairé pour les inté-
» rêts généraux de cette immense agglomération, véri-
» table cœur de la France qui bat comme elle pour sa
» gloire et sa prospérité. »

L'Empereur a daigné ensuite, en accompagnant de paroles flatteuses ces hautes distinctions, remettre de sa main à **M. Va-**rin, membre du conseil municipal, président de la commission des indemnités, la croix de commandeur de la Légion d'honneur; celle d'officier à **M. Legendre**, celle de chevalier à **M. Le-**moine, tous deux membres du conseil municipal et de la commission des indemnités; la croix de chevalier à **MM. Dupérié-Pellou**, maire du 12e arrondissement, et **Beigbeder**, adjoint au maire du 17e arrondissement; la croix d'officier à **M. Belgrand**, ingénieur en chef du service municipal; celle de chevalier à **M. Grégoire**, ingénieur ordinaire du même service.

Sa Majesté est remontée ensuite dans sa voiture pour parcourir le boulevard jusqu'à la place pentagonale qui le termine, près de l'enceinte fortifiée, puis Elle est revenue, par l'avenue de l'Etoile et l'avenue de Monceaux, dans le parc de Monceaux où Elle a été reçue une seconde fois par le corps municipal. L'Empereur a daigné donner son approbation aux travaux exécutés dans le parc sous l'habile direction de **M. Alphand**, l'ingénieur en chef des promenades et plantations, et à l'ensemble des dispositions prises pour cette solennité. Sa Majesté a redescendu ensuite le nouveau boulevard pour rentrer aux Tuileries.

Les mêmes acclamations enthousiastes qui avaient accueilli l'Empereur à son arrivée l'ont accompagné à son retour.

Ce soir, des illuminations féeriques décorent à la fois et le boulevard Malesherbes et le parc de Monceaux où se presse la foule. Cette double inauguration marquera dans les souvenirs de la population parisienne.

(*Moniteur* du 14 août 1861).

LA POLÉMIQUE ET LES AFFAIRES

A L'OCCASION

DES GRANDS TRAVAUX DE PARIS

LA POLÉMIQUE ET LES AFFAIRES

A L'OCCASION

DES GRANDS TRAVAUX DE PARIS[1]

État de la question.

Paris, 13 juillet 1861.

On se rappelle qu'à un moment où de graves malentendus, suscités et animés par la polémique des journaux anglais, menaçaient de troubler les relations amicales des deux nations, le *Moniteur* publia un appel au bon sens du peuple anglais. Cet appel produisit, au moins pour un temps, un effet salutaire.

Des malentendus tout aussi graves, portant cette fois sur de grosses questions d'ordre intérieur, et cette fois suscités et envenimés par la presse française, commencent à égarer l'opinion de notre pays.

Le peuple français a aussi du bon sens, et un appel analogue, qui lui viendrait de la même source, aurait en ce moment

[1] Extrait du journal *le Pays* des 29 août, 2, 4 et 5 septembre 1861.

une grande opportunité. Il ne manquerait pas de produire un effet décisif. La situation en vaut la peine, et nous avons quelque pressentiment qu'un rayon de lumière et une parole d'apaisement ne tarderont pas à venir d'en haut (1).

En attendant, faisons un humble effort pour apprécier le véritable état des choses et pour en donner l'expression impartiale et sincère.

§ I.

Les affaires. — Situation générale.

C'est un fait que, par suite d'un ensemble de circonstances connues et appréciées de chacun d'une manière plus ou moins distincte, la situation des affaires en France, et particulièrement à la Bourse de Paris, n'est plus ce qu'elle était il y a quelques années, et n'est pas ce qu'elle devrait être, si le public voulait et savait avoir égard au fond plutôt qu'aux apparences.

La position réelle des affaires en France, tant au point de vue des finances de l'État qu'au point de vue des grandes entreprises de travaux publics, d'agriculture, d'industrie et de commerce, est relativement plus saine que celle de toutes les nations du globe, y compris l'Angleterre.

La plupart de ces nations ont voulu embrasser plus qu'elles ne pouvaient étreindre, et n'ont pas toujours bien conduit ce qu'elles avaient entrepris.

On peut dire sans exagération que la France est restée en

(1) Le discours de l'Empereur à l'inauguration du boulevard Malesherbes a réalisé ce pressentiment. Depuis quelques jours déjà la situation décrite plus bas, et qui remonte au 13 juillet, s'est beaucoup améliorée. Mais ce fait confirme le fond de nos observations; il atteint seulement ce que nous considérions nous-même comme transitoire.

deçà de la mesure de ses forces et qu'elle est en voie de mener à bien tout ce qu'elle a commencé.

Pour ses chemins de fer et ses autres entreprises par actions, il suffit de regarder aux cotes de la Bourse.

Pour ses fonds publics, ce n'est pas aux cotes de la Bourse qu'il faut regarder. Le cours des fonds français, considéré en lui-même et abstraction faite de certaines données collatérales qui fournissent la clef de ce mystère financier, est un mauvais critérium de notre crédit public. Si le 3 0/0 français est à 67 60, lorsque le 3 0/0 anglais est à 89 1/2 (1), on peut dire, sans chercher à porter atteinte à la légitime confiance due à l'Echiquier de la Grande-Bretagne, que le 3 0/0 français est d'une somme de 22 francs au-dessous de sa valeur intrinsèque. C'est un point qu'il sera bon quelque jour de démontrer; mais, en tout cas, ce qui se passe dans la cour et aux abords du Ministère des Finances et de la Banque de France, toutes les fois qu'il s'agit, soit d'un emprunt, soit d'une affaire où l'État intervient, peut fournir une base d'appréciation qui sera tout à l'avantage du crédit public de la France.

Quant aux sinistres commerciaux et financiers dont les affaires françaises n'ont pas le privilége d'être exemptes, ils n'atteignent chez nous, même en prenant les choses par leur plus mauvais côté, que des proportions insignifiantes, à moins que les révolutions et les crises politiques ne viennent les compliquer.

Ne citons en exemple, et pour terme de comparaison, que ce qui est arrivé l'année dernière à Londres dans le commerce des cuirs. — La faillite d'une grosse maison a déterminé, dans cette industrie, une série de sinistres secondaires et consécutifs, et pour cette seule affaire le chiffre de la perturbation a dépassé 50 millions de francs ! Nous citons ce chiffre de mémoire, mais il est plutôt au-dessous de la vérité.

Les opérations de la cour de Banqueroute (*Bankruptcy court*) rapportées dans tous les journaux anglais, ont donné le chiffre

(1) Cote du 9 juillet 1861.

exact du passif des diverses maisons irrémédiablement en-
traînées par le sinistre principal. La plus grande partie des
transactions de ces maisons étaient fictives, et par conséquent
frauduleuses. Ce n'est pas là une exception. Les faillites, — et
les faillites de grosses maisons à gros passif — sont très fré-
quentes en Angleterre.

En France, le petit nombre des faillites et leur innocuité re-
lative rendent un témoignage éclatant de la solidité des affaires. En temps ordinaire, il s'écoule quelquefois des années
entières, et même plusieurs années, sans que les registres
judiciaires aient à constater une faillite considérable. Ainsi, à
Paris, la plupart des faillites se déclarent dans le petit commerce. Les faillis sont en général des marchands de vins, des
hôteliers, des bottiers, des tailleurs, des modistes, établis sans
capital, et presque entièrement dénués, nous ne disons pas
d'éducation commerciale, mais d'éducation primaire.

D'où vient donc la situation que nous avons dû constater
comme un fait incontestable et comme le premier motif de
l'effort que nous venons tenter? Quelles sont les causes factices de cette situation, et par conséquent ses caractères tran-
sitoires? quelles sont ses causes réelles, et par conséquent ses
caractères sérieux? Comment remédier au mal et en prévenir
le retour, autant du moins que la difficulté du but à atteindre
et l'imperfection des moyens à employer peuvent nous permettre d'y aspirer.

Vouloir nier les vices, les excès et les fautes du régime actuel
des affaires, ne serait qu'un triste et stérile expédient.

Oui, la spéculation a pris trop souvent la fausse route des
combinaisons fictives. Trop souvent elle a frelaté, par des
manœuvres coupables, le mouvement spontané de l'offre et
de la demande, déjà si hasardeux par lui-même, et si fécond
en déceptions, lorsqu'il reste livré sans contrepoids aux lois
naturelles de la gravitation économique; lois naturelles que la
science accréditée a su très bien décrire, mais qu'elle n'a pas
encore trouvé moyen de corriger.

Une réaction a dû se produire, et elle s'est produite.

De même que les *énergies vitales de l'organisme humain* se débarrassent quelquefois, spontanément et sans le secours de la médecine, des substances étrangères qui s'y introduisent et des humeurs vicieuses qui s'y développent, de même les énergies naturelles du corps social en expulsent à propos les éléments hétérogènes.

Voilà pour les causes factices d'une perturbation heureusement passagère. La désertion de la Bourse par un certain nombre d'agents et de clients, la cessation presque complète d'un certain genre d'affaires sont les signes évidents que cette perturbation est arrivée à son terme, et, sous ce rapport, c'est un symptôme favorable au lieu d'être un malheur.

Mais il existe des souffrances réelles et sérieuses qui se font plus particulièrement sentir à Paris : la cherté des loyers, l'augmentation des prix d'un grand nombre d'articles de consommation, la disproportion des salaires de certaines professions avec les besoins de la vie, même dans les familles dont les habitudes sont régulières et sobres, les extravagances et les sottises du faux luxe, l'absence de débouchés suffisants pour les produits de l'industrie parisienne sont au nombre de ces souffrances. Les plaintes à cet égard sont générales. Elles sont bien fondées *en fait*, ce qui ne veut pas dire qu'elles soient bien fondées en *raison*, dans ce sens qu'il y aurait tel ou tel remède efficace dont l'application serait négligée volontairement par l'Etat, ou contrecarrée malicieusement par la résistance intéressée de quelques privilégiés.

Mais, dans toute société et à toute époque, à plus forte raison en France, dans les premières années d'un nouvel établissement politique, et à une époque où il y a tant de propagateurs, plus empressés que véridiques, de tout ce qui peut servir les factions et les partis, où il existe tant et de si faciles moyens de communication, où enfin l'art de sophistiquer l'opinion et de troubler les consciences est poussé à son plus haut point de perversion, c'est déjà beaucoup, c'est déjà trop que des plaintes légitimes, provoquées par des souffrances réelles, lorsqu'il

n'existe aucun moyen clair et pratique de soulager efficacement ces souffrances.

De pareilles circonstances imposent de grands devoirs à tous
les bons citoyens, et particulièrement à ceux qui ont le privilége de quelque compétence et de quelques études spéciales en
ces matières.

§ II.

La Polémique.

Les écrivains de la presse périodique ont, à cet égard, une
responsabilité particulière.

C'est à eux qu'il appartient d'éclairer le public, d'empêcher
qu'il ne s'égare dans l'appréciation de la nature du mal et de
ses causes ; c'est à eux d'ouvrir la voie des améliorations pour
peu qu'elle soit accessible, de dire enfin la vérité, sans haine
et sans crainte, mais aussi avec la discrétion, la mesure et la
mansuétude qui sont les condiments de la vérité, si elles n'en
sont pas le caractère essentiel et distinctif.

Les écrivains de la presse périodique devraient être, en tout
cas, les derniers à jeter l'alarme et à contrecarrer, par les exigences faciles de la critique, les efforts de ceux qui sont aux
prises avec les difficultés de l'exécution.

Est-ce là le rôle que certains écrivains de la presse périodique se sont choisi dans ces derniers temps ?

Nous voyons bien que la presse est intervenue plus active-
ment qu'elle ne l'avait fait jusqu'ici dans les affaires financières et industrielles, qu'elle a donné une place beaucoup
plus large aux intérêts de la spéculation et aux opérations
journalières de la Bourse.

Hélas ! pourquoi faut-il qu'en regardant de plus près, nous
soyons forcés de constater des méfaits plutôt que des bien-

faits ? — Ici nous parlons surtout de la presse d'opposition, de celle qui assume les fonctions de gardienne vigilante des intérêts sociaux, et qui se présente toujours au public escortée de tant de vertus qu'un vaste Panthéon de tous les dieux et de toutes les religions pourrait à peine les contenir.

La polémique est une arme puissante ; la polémique de la presse quotidienne, aidée du télégraphe et des hiéroglyphes des cotes de Bourse, est cette arme perfectionnée jusqu'à son maximum de portée offensive. Elle peut beaucoup pour le bien ; mais elle peut encore davantage, elle peut même *tout*, lorsqu'il s'agit d'envenimer le mal. — Si elle devient le véhicule de toutes les assertions présomptueuses et de toutes les divagations de l'esprit critique, l'organe de toutes les animosités de la passion, le propagateur de toutes les fausses nouvelles et de tous les faux calculs, l'instrument de toutes les manœuvres ; si, par complicité ou par compérage, elle se met au service de la spéculation et à l'enchère du plus offrant ; si elle manie tantôt l'escopette du *chantage*, — (pourquoi reculerions-nous devant ce mot ignoble, puisque la chose, plus ignoble encore que le mot, est en voie de passer dans nos mœurs ?) — tantôt le stylet empoisonné de la vendette, la polémique de la presse, à quelque période qu'elle frappe ses coups, n'a plus à se prévaloir de ses tendances civilisatrices ; elle ne peut plus prétendre qu'à ouvrir une nouvelle ère qui ne s'appellera pas la *civilisation moderne*, mais la *sauvagerie moderne*.

Eh bien ! telle est la pente que nous commençons à redescendre en ce moment. Avec des locomotives, des télégraphes et des journaux en beaucoup plus grande quantité qu'alors, c'est la même mauvaise pente que nous avons déjà descendue, pour les affaires, depuis 1846 jusqu'à 1848.

Celui qui voudra regarder ne manquera pas de reconnaître que l'analogie est frappante, et, chose à signaler comme une prouesse de véracité de la part des polémistes de la presse, au même moment où ils se plaignent d'être opprimés, comprimés et supprimés, — quoique sous ce dernier rapport la tyrannie impériale n'ait fait jamais que renouveler en leur faveur le miracle de l'oiseau phénix, — il arrive que les journaux sont incomparablement plus mauvais et incomparablement plus nombreux qu'ils n'étaient avant l'Empire, — excepté toutefois pendant l'intermède révolutionnaire de 1848.

Pendant cet intermède, c'était d'un déluge d'idées qu'il s'agissait. Le déluge des affaires est venu depuis lors, et la presse financière, ainsi que les bulletins financiers de la presse politique, en sont sortis. Il ne faut pas s'en plaindre; mais il faut, comme on dit, veiller au grain.

La Polémique a voulu se mêler aux affaires et se mêler des affaires : tant mieux. Les affaires ont besoin de beaucoup de discussion et de beaucoup de lumière. Le jour où le public connaîtra les affaires, le jour où son éducation sera faite et bien faite, la richesse sociale décuplera ; Paris sera bien autrement beau, bien autrement percé, bien autrement sain qu'il ne l'est aujourd'hui. Il ne sera plus question de la cherté des loyers ni de la cherté des subsistances, par la bonne raison que les loyers et les subsistances seront à bon marché, ce qui n'est pas aujourd'hui et ce que tout le monde savait avant la leçon tardive des maîtres d'école de la Polémique.

La Polémique a même des prétentions supérieures ; elle veut diriger les affaires : soit encore.

Le nouveau pouvoir spirituel veut avoir, pour son compte, un peu de ce pouvoir temporel qu'il dispute aux autres. Que les Affaires se le tiennent pour dit et qu'elles commencent à régler leur compte avec la Polémique. Si, comme nous croyons pouvoir le démontrer, ce compte se solde au débit de la Polémique, et par un gros débit qu'elle n'est pas en mesure de payer, ce sera tant pis pour elle.

§ III.

Les travaux de Paris. Faits et pièces justificatives.

La Polémique s'est imaginé qu'elle avait découvert une Californie de popularité, lorsqu'elle est venue établir son siége à Paris, au milieu de toutes ces magnifiques constructions qui l'embellissent et l'assainissent, au milieu de ces démolitions en masse qui ne font qu'effacer tardivement et lentement la honte du vieux Paris considéré au point de vue du confortable de la salubrité. Depuis longtemps les connaisseurs en ce genre ne pouvaient que déplorer le fâcheux état de la capitale de la France, lorsqu'ils comparaient l'ancien Paris à Londres, à Édimbourg, à New-York, à Philadelphie, à Saint-Pétersbourg, enfin à la plupart des grandes villes du monde.

En choisissant les travaux de Paris pour thème principal de son opposition, la Polémique a eu la main malheureuse. Elle s'est attaquée à l'opération la plus utile qu'il fût possible d'entreprendre, dans l'intérêt de toutes les classes de la population, et en tenant compte de toutes les conditions politiques, sociales, économiques et financières, où Paris et la France se trouvent placés.

L'ensemble de ces travaux se décompose en trois ordres d'efforts : 1° l'œuvre de la Préfecture de la Seine et du Conseil municipal de Paris; 2° l'œuvre de l'industrie particulière, 3° l'œuvre des Compagnies, et particulièrement celle de la *Compagnie immobilière*.

En comparant l'état de la Ville de Paris à celui de la plupart des capitales de l'Europe, on comprendrait déjà, comme nous venons de l'indiquer, et indépendamment de toute circonstance extraordinaire, l'urgence de travaux entrepris sur une très grande échelle. Mais plusieurs faits nouveaux domi-

nent la situation et ont dû nécessairement modifier les conditions d'habitation et d'édilité dans presque toutes les capitales
de l'Europe.

Ces faits sont la création des chemins de fer, le développement de la navigation et des communications, l'extension commerciale qui s'en est suivie.

Un accroissement inattendu dans les populations et dans les
mouvements de ces populations, par la fréquence et la rapidité
des voyages, a été le résultat de ces faits.

Paris s'est trouvé à cet égard dans une position particulière,
avec des besoins d'extension que la ville de Londres elle-même
n'avait point. Paris est en communication beaucoup plus facile
avec les points les plus civilisés et les plus peuplés du monde ;
Paris est le rendez-vous d'affaires et de plaisir le plus fré-
quenté.

Il a fallu pourvoir à ces nouveaux besoins.

Telles ont été les causes de l'extension de Paris. Ces causes
ont opéré sourdement, bien avant que l'on arrivât à une
action systématique et réglée. C'est l'initiative de l'industrie
particulière qui a sollicité la Ville et les Compagnies.

Le mouvement dont la Polémique a commencé à se douter
en 1861 date du Premier Empire ; il n'a fait, depuis lors, qu'acquérir des proportions plus larges, sous l'influence d'excitations
régulières et permanentes.

Les constructions si nombreuses faites, particulièrement
depuis 1825, aux Batignolles, à Montmartre, à Clignancourt,
au Grand et au Petit-Montrouge, à la Chapelle-Saint-Denis, à
la Grande et à la Petite-Villette, à Belleville, dans ce qu'on
appelait autrefois la plaine des Sablons, les églises de Saint-
Vincent-de-Paul, de Notre-Dame de Lorette, de la Madeleine,
le palais de la Bourse, les quartiers de la Madeleine, de la
rue Laffitte, sont autant de précurseurs de ce qui s'accomplit
aujourd'hui.

Enfin, l'heure des grandes pensées et des grands hommes,
l'heure de la véritable grande œuvre est venue. L'Empereur
a compris et voulu cette grande œuvre, et il a trouvé à la Pré-

fecture de la Seine, au Conseil municipal et dans l'industrie privée des auxiliaires dignes de lui.

Voyons d'abord ce que la Ville a fait et comment elle l'a fait. Pour cela, laissons parler un document officiel, remarquable par la calme précision avec laquelle il résume tous les faits. C'est à ce document que nous voulons emprunter les pièces justificatives de nos assertions, et les moyens de rétablir, la vérité si complétement méconnue :

« Toutes les grandes entreprises de la Ville ont été l'objet, non-seulement de décrets, mais de lois, et si l'on réussissait à établir que ces entreprises dépassent la mesure du nécessaire ou du possible, le reproche frapperait plus haut que l'administration municipale ; il atteindrait, par contre-coup, le Corps Législatif, qui en a approuvé le système et les moyens d'exécution, et qui les a même subventionnées.

» La nécessité de recourir à la loi pour toutes les combinaisons qui intéressent les finances de la Ville et ses moyens de crédit, ne permettrait pas d'étendre, sans l'assentiment du Corps Législatif, les limites forcément imposées, par les termes de ses autorisations, aux grands travaux de Paris. Ce serait un frein très efficace, si la Ville, dont le budget est réglé par l'Empereur, depuis comme avant le décret du 9 janvier 1861, voulait entreprendre plus que ne comportent les ressources normales de ce budget.

» Il ne faut pas oublier, d'ailleurs, que, par suite de dispositions introduites dans la loi du 28 mai 1858, et dans la loi de finances du 11 juin 1859, il doit être justifié, chaque année, au Corps Législatif, de la situation, partant de la marche des travaux et de l'importance des sommes dont ils ont motivé l'emploi. N'est-ce pas l'organisation d'un contrôle supérieur de nature à rassurer pleinement ceux qui comptent pour peu de chose celui du Conseil municipal de Paris? Mais, pour tous les membres des grands corps de l'Etat, qui ont voté la loi du 5 mai 1855, en vertu de laquelle ce Conseil est au choix de l'Empereur (c'est à partir de 1848 que le Conseil municipal a

cessé d'être élu), et la loi du **16 juin 1859**, qui a maintenu for-
mellement cet état de choses, en assurant une **représentation**
distincte à chacun des vingt arrondissements de la ville agran-
die, le mode de nomination du Conseil municipal de Paris est
assurément une garantie et non pas un motif de suspicion.

» En fait, la composition de cette assemblée explique mieux
que toutes les démonstrations comment la Ville a pu mainte-
nir et accroître même la prospérité de ses finances, tout en
poursuivant des opérations qui semblaient devoir en troubler
profondément l'équilibre, et comment cette prospérité lui a
permis de faire des emprunts remboursables et remboursés,
en effet, sur ses revenus, sans qu'il en coûte aux contribuables
aucun centime ni aucune taxe extraordinaire ; circonstance de
médiocre intérêt peut-être pour les hommes qui n'ont pas
reculé, à une autre époque, devant une surimposition générale de quarante-cinq centimes, mais que la population appré-
cie davantage, parce que, malheureusement, il n'est pas ordinaire, en France, qu'une commune ne supporte aucune
charge exceptionnelle.

» Quant aux expropriés, leur situation est mieux ménagée
qu'à aucune autre époque, au moyen des étapes assignées
par les actes législatifs à l'exécution des grands travaux de
Paris. Prévenus à l'avance, ils ne sont plus surpris par l'expropriation. Si, dans l'intervalle, leur situation a besoin
d'être réglée, ils s'adressent à la Ville, qui n'a jamais refusé
d'acquérir un immeuble libre, et d'en faire fixer le prix par
le jury, s'il ne pouvait l'être à l'amiable par la Commission
des indemnités. Enfin, les propriétaires non atteints par les
projets arrêtés ont une sécurité qui leur manquait lorsque tout
restait incertain.

» Le décret du 9 janvier 1861, qui a étendu à l'administration municipale de Paris les dispositions du décret du 25 mars
1852 sur la décentralisation, n'a rien changé, du reste, à la
situation respective de cette administration et des particuliers,
en matière d'expropriation pour cause d'utilité publique. En
effet, les affaires de cet ordre ont été réservées par le § 55,

lettre т du tableau A annexé au décret primitif. Les arrêtés de cessibilité continuent donc d'avoir besoin d'une approbation supérieure, et il est toujours statué par décret, conformément au règlement d'administration publique du 27 décembre 1858, sur les oppositions qu'ils peuvent avoir motivées.

» L'administration municipale a fait elle-même toutes ses opérations de voirie, sauf de rares exceptions, comme le boulevard de Strasbourg, le prolongement de la rue Drouot, un tronçon du prolongement de l'avenue de Latour-Maubourg et un tronçon du boulevard Malesherbes.

» On se trompe donc lorsqu'on dit qu'elle a encouragé la spéculation sur les terrains. Elle l'aurait fait, si elle avait concédé l'entreprise de grands percements comme la rue de Rivoli, le boulevard de Sébastopol (rive droite et rive gauche), le dégagement du Louvre, des Tuileries, du Palais-Royal, de l'Hôtel de Ville, le boulevard du Prince-Eugène, etc., à de grandes compagnies, qui auraient détenu tous les terrains à rebâtir, et fait la loi aux constructeurs. Loin de là; elle a poursuivi les expropriations pour son propre compte, et quand elle a revendu des terrains en bordure sur les voies nouvelles, ce n'est pas à des spéculateurs, mais à des constructeurs sérieux; car la première condition de ses ventes a toujours été de construire à bref délai et à toute hauteur sur les terrains vendus.

» Qu'à défaut d'un nombre suffisant de particuliers prêts à engager des capitaux considérables dans des constructions, la Ville ait accepté pour acquéreurs des entrepreneurs de bâtiments, puis des associations d'entrepreneurs plus ou moins puissantes, notamment la *Compagnie Immobilière*, cela est vrai : mais valait-il mieux laisser ses terrains inactifs? Les loyers, en géneral, auraient-ils été pour cela diminués?

» On dira sans doute ce qu'on a déjà dit, que si la Ville avait donné ses terrains à vil prix, elle aurait ainsi favorisé la baisse des loyers. Mais c'est une erreur : elle aurait enrichi ses acquéreurs; car, on l'a déjà démontré, le taux des loyers que demande un propriétaire n'est pas déterminé par la somme qu'il a dépensée pour construire sa maison, mais par le plus ou moins de rareté des logements dans l'ensemble de la cité.

« Depuis 1841, l'augmentation de la population dans l'ancien Paris et dans les territoires annexés a été de 469,079 personnes.

» A raison de trois personnes en moyenne par logement, il fallait, pour loger 469,079 nouveaux habitants, sans souffrance pour les anciens, 156,362 logements de plus (74,123 dans l'ancien Paris, et 82,239 dans les territoires annexés). Or, se rend-on bien compte du nombre de maisons que représente ce nombre de logements?

» Il représente plus de 15,000 maisons.

» Les faits confirment cette évaluation ; car on ne comptait, en 1851, que 28,177 maisons dans l'ancien Paris, et 12,546 dans la banlieue suburbaine, soit 40,723 au total ; et pour que ce dernier chiffre ait été porté, comme il l'a été, à 56,050 vers la fin de 1860, il faut de toute nécessité qu'on ait construit 15,327 maisons dans l'intervalle. »

Ces 15,327 maisons représentent la part de l'industrie privée dans l'œuvre des travaux de Paris.

La *Compagnie Immobilière de Paris*, après laquelle la Polémique s'est tant acharnée, occupe une place importante dans ce grand développement de bâtisses ; mais on voit de suite qu'elle n'est elle-même qu'un des effets principaux d'une situation impérieuse qui poussait et qui pousse encore à l'action.

Nous emprunterons au même document que nous venons de citer le détail des opérations que la *Compagnie Immobilière* a faites avec la Préfecture de la Seine :

« La *Compagnie Immobilière* n'a fait que deux opérations basées sur des acquisitions de terrains provenant de la Ville ; mais elles sont considérables.

» L'une, l'affaire des immeubles de la rue de Rivoli, remonte au mois de juin 1854 (c'était durant le siége de Sébastopol). Il s'agissait de vastes terrains compris entre cette rue et la rue Saint-Honoré, depuis le passage Delorme jusqu'à la rue des Poulies, que la Ville avait infructueusement essayé de vendre par lots et par adjudication, et que la *Compagnie Immobilière* n'a pas hésité à acquérir en bloc, avec l'obligation de les couvrir de constructions uniformes, prêtes pour l'habitation, avant le 1er mai 1855, époque fixée pour l'ouverture de l'exposition universelle. C'était engager 7 millions 1/2 en achat de terrains et 15 millions en frais de constructions, alors que les capitaux se retiraient des affaires !

« La seconde opération a été faite en 1860. Elle consiste dans l'achat de 32,334m 66 de terrains bordant le boulevard Malesherbes et les voies transversales, entre la rue de la Bienfaisance et la rue de Valois-du-Roule, et provenant des sieurs Riant et Mignon. Ces propriétaires, dont les immeubles avaient une contenance totale de 42,014m 62, avaient refusé de livrer gratuitement les 9,670m nécessaires à la voie publique, ne croyant pas qu'ils pussent être suffisamment indemnisés d'un tel sacrifice par la plus-value que l'ouverture du boulevard apporterait aux 32,324m 66 de surplus. Ils avaient préféré vendre le tout à la Ville sur le pied de 100 fr. le mètre. La *Compagnie Immobilière* a proposé de prendre la situation dont MM. Riant et Mignon n'avaient pas voulu, et la Ville, après avoir retenu les 9,670m dont elle avait besoin, lui a cédé le reste de la propriété pour une somme égale au prix de son acquisition totale. Elle a, d'ailleurs, obligé la Compagnie : 1o à supporter, sans se plaindre, les déblais très coûteux que le nivellement du boulevard devait entraîner ; 2o à construire, dans un délai déterminé, tous les terrains en bordure sur la voie publique.

« Outre ces deux opérations, où l'intervention de la *Compagnie Immobilière* a été si incontestablement utile aux intérêts de la Ville et à ceux du public, qu'on ne saurait regretter les chances de bénéfice qu'elles ont pu lui assurer, la Ville s'est trouvée en présence de la même Compagnie dans trois autres : l'affaire de la rue de Marignan, celle du prolongement de la rue du Caire, celle de la rue Basse-du-Rempart.

» La Compagnie a ouvert la rue de Marignan sur les terrains
du Jardin-d'Hiver qu'elle avait acquis, et sur quelques autres
immeubles expropriés à ses risques et périls. Sauf une somme
de 250,000 fr. que la Ville lui a allouée, pour la déterminer à
porter la largeur de cette rue à 16 mètres, au lieu de 12, elle a
supporté toutes les charges de l'opération ; elle a pris, d'ailleurs,
envers la Ville, l'engagement, qu'elle a tenu, de faire immédia-
tement pour 5 millions de constructions au moins.

» Le prolongement de la rue du Caire a eu lieu, partie sur
des immeubles provenant d'expropriations faites pour l'ouverture du boulevard de Sébastopol, partie sur l'ancien hôtel
de La Trémouille, que la Compagnie avait acquis de tiers. La
Compagnie a abandonné gratuitement le sol de la voie et a
payé les frais de viabilité, devant ses terrains. A cette occasion,
un échange de parcelles a été fait entre elle et la Ville, pour
régulariser des lots à vendre, et la Ville a reçu une soulte de
100,000 fr.

» Dans l'affaire de la rue Basse-du-Rempart, la *Compagnie
Immobilière*, qui était devenue propriétaire non-seulement des
immeubles portant les nᵒˢ 6 et 8 (hôtels d'Osmond et Moynat),
mais encore des immeubles portant les nᵒˢ 28, 30, 32, 34, 42
et 44 (hôtels d'Eichthal et autres), et en outre, d'une maison sur
le passage Sandrié, afin d'en démolir les bâtiments et d'y élever des constructions nouvelles, à l'alignement du boulevard des
Capucines, de la rue de Rouen et de la rue Mogador prolongée, proposa à la Ville d'échanger des terrains nécessaires à
l'ouverture de ces deux dernières voies, et contenant 3,471 ᵐ, 22,
contre : 1° des parcelles provenant d'immeubles expropriés par
la Ville, notamment pour la formation de la place de l'Opéra,
et mesurant 2,521 ᵐ 74 ; 2° des portions du sol de la rue Basse,
situées entre l'ancien alignement et le boulevard, et mesurant
1,570 ᵐ 75.

Cette proposition ayant été acceptée, la Ville de Paris,
qui livrait 623 ᵐ 27 de plus qu'elle ne recevait, stipula une
soulte de 1,273,000 fr. en sa faveur, et obligea d'ailleurs la
Compagnie à édifier sans retard, sur tous les lots, des maisons

conformes au type adopté pour la place de l'Opéra et ses abords (1).

« Le soin de ces transactions, comme de tous les traités amiables, soit d'achat, soit de vente d'immeubles, faits par la Ville depuis huit ans, a été remis par le Préfet de la Seine, sans aucune réserve, à une commission spéciale, composée de membres du Conseil municipal, et assistée du chef de la division des Travaux publics et de l'avoué de la Ville. Les propositions de la commission spéciale ont été soumises au Conseil municipal, et délibérées sur le rapport du Comité de la Voirie. »

Ainsi donc, d'une part, toutes les opérations de la Préfecture de la Seine ont été régulières. Elles ont passé par les épreuves de ce contrôle législatif et administratif dont les institutions françaises présentent un si parfait modèle qu'elles sont partout un objet d'admiration et même d'imitation.

Ainsi encore, et d'autre part, la *Compagnie Immobilière* n'est point un monopole. Elle doit la position qu'elle occupe à l'usage qu'elle a su faire de sa liberté et de ses capitaux, tandis que d'autres s'abstiennent ou s'occupent d'affaires différentes. Elle est constituée sur d'excellentes bases et administrée par des personnes d'une grande expérience. Son système financier, qui consiste dans l'emploi combiné des *actions* et des *obligations*, pour le développement de ses opérations, est le même que celui qui a été adopté et qui est pratiqué, avec le

(1) Cette soulte de 1,273,000 francs porte le prix des terrains à 2,000 fr. le mètre. Mais ce prix est celui que la *Compagnie Immobilière* a payé à la Ville, ce n'est pas le prix auquel la Compagnie a revendu ou prétend revendre. On peut affirmer que la *Compagnie Immobilière* n'a jamais vendu de terrains à 2,000 fr. le mètre. Elle a pu en payer une certaine quantité à ce prix, tout comme elle a pu faire des abandons gratuits auxquels les propriétaires particuliers se sont refusés : elle trouvait d'autre part ses convenances et ses intérêts.

La seule conclusion légitime à tirer de ces faits, c'est que la Ville de Paris a obtenu, de la part de la *Compagnie Immobilière*, un genre de concours et un genre d'action qu'elle ne pouvait pas attendre de simples particuliers, ne disposant que de leurs ressources personnelles et opérant sur une échelle nécessairement restreinte.

concours de l'Etat, par toutes les Compagnies de Chemins de
fer. Un tel système financier est à la fois avantageux pour les
personnes qui ont le moyen et le désir de courir les chances
de la participation aux profits, et pour les personnes qui préfèrent un placement à revenu fixe, reposant sur un gage
réel; gage facilement réalisable et sans cesse en cours de développement et de réalisation.

La Compagnie a conduit son œuvre de manière à justifier
le succès qu'elle obtient : elle mérite encouragement et concours, au lieu des attaques dont elle est l'objet.

§ IV.

Économie financière et commerciale des travaux de Paris.

Passons maintenant au point sur lequel la Polémique a cru
avoir son plus beau jeu, aux dépenses occasionnées par ces
constructions et ces démolitions.

La Polémique a fait un calcul plus ou moins exact, d'où elle
infère que, depuis huit ans, il aurait été consacré sept
milliards aux travaux de construction et de démolition dans
Paris, soit environ 877 millions par an. Et c'est cette somme
immense employée à bâtir des maisons qui serait la principale
cause de la cherté des loyers !

S'il est vrai que, depuis huit ans, sept milliards aient été
versés, dans la circulation parisienne, par un canal aussi fer-
tilisant qu'est l'industrie du bâtiment, c'est un fait éminemment heureux, et non une sorte de calamité nationale.

Les idées du public sur les matières économiques et celles
des écrivains qui se sont donné mission de l'éclairer, sont si
confuses et même si fausses, elles opposent tant d'obstacles au
progrès social et à l'amélioration de la classe la plus nombreuse et la plus pauvre pour laquelle on professe un dévoue-
ment sans bornes, qu'il est essentiel de chercher à les rectifier.

C'est ce que nous allons essayer de faire par un simple exposé analytique.

Il s'agit de savoir d'où viennent les milliards que l'on prétent avoir été dépensés, à quoi ils ont été employés, ce qu'ils ont produit pendant qu'on les employait, ce qu'ils sont devenus et deviendront après avoir été employés.

Les sommes que la Ville a payées pour les expropriations ont été obtenues au moyen d'emprunts. Ces emprunts ont fourni aux capitaux des particuliers une voie de placement avantageuse et assurée. Le revenu des obligations qui sont les titres de ces emprunts vient augmenter la consommation et commanditer le travail manufacturier et commercial. Le capital lui-même, représenté par des obligations en petites coupures et facilement négociables, reste disponible pour les affaires. Les obligations, intérêt et capital, sont satisfaites et amorties, au moyen des recettes produites par l'accroissement de population, de richesse et de consommation, dont l'exécution des travaux est le plus actif stimulant.

Le remboursement des emprunts faits par la Ville s'effectue à long terme; et, pendant ces délais, les revenus municipaux augmentent de manière à rendre presque insensible la charge qui est imposée aux générations futures et dont ces générations profiteront beaucoup plus que nous.

Poursuivons. — Les propriétaires des immeubles expropriés ont reçu un capital pour prix de leur propriété. Ce capital ne restera pas sans emploi. Au point de vue des affaires privées, plus ce capital aura été considérable, plus l'industrie en profitera. C'est encore de la commandite pour le travail; c'est autant d'aliment pour la circulation véritable, pour celle qui représente un mouvement effectif de production et de consommation.

Une fois les immeubles expropriés, que deviennent-ils?

Les immeubles expropriés peuvent être rangés dans trois catégories :

1º Les terrains nus et entièrement non bâtis;

2º Les terrains couverts de bâtiments qu'il est plus avantageux de démolir que de conserver, en raison du parti que l'on en peut tirer pour les habitations et pour les locations;

3º Les terrains bien bâtis, couverts de maisons habitables et même bien louées, mais dont la démolition est rendue nécessaire par les conditions d'alignement ou autres convenances de voierie et d'édilité.

Les terrains non bâtis coûtent relativement moins cher, et, dans les villes où la population s'accroît rapidement, ils ont le grand avantage d'offrir le moyen de construire des logements entièrement nouveaux pour ce surcroît de population. En fait, c'est sur des terrains de ce genre qu'il s'est élevé et qu'il s'élève encore chaque jour, dans Paris et sa banlieue, le plus grand nombre de constructions.

Les constructions s'élèvent, elles emploient *directement* un très grand nombre d'industries, et *indirectement* l'ensemble de toutes les industries, même celles qui se rapportent au commerce extérieur. Beaucoup de matériaux, tels que les bois, le zinc, etc., etc., et beaucoup d'ingrédients qui entrent dans la composition des matières premières, tels que les résines, les huiles à peinture, les substances colorantes, etc., etc., proviennent du commerce extérieur. Un grand nombre de denrées consommées par l'ouvrier et par sa famille, comme par exemple le café, le chocolat, le sucre, etc., etc., proviennent aussi de l'étranger.

L'industrie du bâtiment est, par sa puissance de créer des relations commerciales et par l'infinie variété de ses opérations, une véritable industrie mère.

Il n'y a d'industrie supérieure au bâtiment que la *colonisation rurale*, et encore la colonisation rurale débute-t-elle toujours par du bâtiment.

Lorsqu'une colonisation commence au Canada et dans l'Amérique du Nord et de l'Ouest, où la colonisation est devenue une industrie régulière, une science et un art, elle commence par la construction d'une Eglise avec Écoles, d'une

Banque et d'une Auberge, celle-ci tenant lieu provisoirement de maison commune.

« Quand le bâtiment va, tout va, » dit le peuple de Paris. Il y a plus de bon sens et plus de saine politique dans ce dicton populaire que dans toute la littérature déclamatoire de la Polémique.

Voyons donc comment le bâtiment va lui-même pour faire ainsi tout marcher.

L'architecture et le dessin, enfants de la géométrie et de la perspective, fournissent les plans.

Les travaux publics déblayent, établissent les alignements, amènent les eaux et le gaz. Les carrières fournissent la pierre et le moellon; les mines fournissent le fer, le zinc, le plomb, les ardoises. Les plâtrières et les briqueteries, industries immenses, achèvent de compléter les matériaux.

Tous les moyens de transport par terre, par eau, par navires, par bateaux, par chemins de fer sont mis en réquisition, et enfin la nombreuse cavalerie du bâtiment les transporte à pied d'œuvre.

Ici, toute la ruche des travailleurs entre en mouvement : les forgerons, depuis la fonte du fer jusqu'aux plus minces objets de quincaillerie; les maçons, les charpentiers, les menuisiers, les plombiers, les fumistes, les peintres, les vitriers.

Les ouvriers de ces diverses industries reçoivent tous de bons salaires; et, de ces salaires, tout ce qui ne va pas à l'épargne reproductive et ne retourne pas à la propriété foncière, au bâtiment lui-même, s'écoule en consommations qui alimentent tous les genres de commerce, et qui, par les profits du commerce, reproduisent et reconstituent le capital.

Par les salaires que leur paie la commandite du bâtiment, toutes les personnes intéressées dans ces diverses industries sont en position de se mieux loger, de se mieux vêtir, de se mieux nourrir, et de payer plus cher leur logement, leur vêtement et leur nourriture.

La construction terminée, le terrain a acquis une plus-value légitime; il s'est couvert d'un produit utile, donnant son intérêt, et comptant, pour un chiffre supérieur, dans la masse générale de la richesse.

Voilà pour les effets généraux de la construction dans ses conditions les plus simples, c'est-à-dire sur des terrains libres et non précédemment bâtis. C'est un travail créateur et multiplicateur au premier chef.

Ces effets sont les mêmes pour les deux autres catégories de travaux de construction indiquées ci-dessus. Nous n'avons donc plus qu'à énumérer quelques effets spéciaux.

La deuxième catégorie de constructions comprend une opération préalable qui est la *démolition* des bâtiments qu'il s'agit de remplacer. Tout est profit, lorsqu'il s'effectue une démolition pour remplacer par des constructions mieux entendues une maison ancienne, bâtie avec des matériaux inférieurs et mal distribuée, — une maison à un étage par une maison à six étages, — un hôtel destiné à une seule famille riche, par une maison qui fournira du logement à un grand nombre de familles appartenant aux diverses classes de la société, — des boutiques et des magasins au commerce.

Remarquons incidemment que tel est le cas pour le plus grand nombre des constructions qui ont été effectuées dans Paris, et particulièrement pour les constructions que la *Compagnie Immobilière* a fait élever ou fait élever en ce moment : rue de Rivoli, rue Marengo, rue de Rohan, rue de l'Échelle, rue Saint-Honoré, place du Palais-Royal, boulevard de Sébastopol, rue du Caire, avenue des Champs-Elysées, rue Marignan, rue Basse-du-Rempart, rue Lafayette prolongée, boulevard Malesherbes.

La plupart de ces constructions ont été faites sur des terrains libres. Celles qui ne sont pas dans ce cas ont été substituées, soit à des maisons croulant de vétusté, soit à des maisons où l'on n'avait pas tiré bon parti du terrain, et qui n'étant élevées que de un ou deux étages, contenaient beaucoup moins d'appartements et de logements que celles dont elles prenaient la place.

Il y a un autre aspect très important à considérer : c'est celui de la démolition elle-même.

La démolition est devenue une véritable industrie, (1) et une industrie dont les produits doivent compter dans le mouvement commercial créé par les travaux de Paris. Les matériaux des maisons abattues ne se perdent pas : ils sont vendus à des entrepreneurs qui en tirent bon parti ; ils sont employés de nouveau dans les constructions. C'est avec ces matériaux provenant de la démolition que s'élèvent, dans l'ancienne et la nouvelle banlieue, les constructions adaptées aux besoins de ceux qui veulent des loyers à bon marché, ou qui n'ont point, soit par leur fortune acquise, soit par leur industrie, le moyen d'habiter les boulevards du centre ou la Chaussée-d'Antin. — Nous reviendrons sur ce dernier point lorsque nous traiterons spécialement de ce qu'on appelle la *cherté des loyers*.

Reste maintenant la troisième catégorie des nouvelles bâtisses, celles qui entraînent la démolition de maisons presque neuves, ou encore en bon état et tout appropriées aux besoins de la population. Il est évident que cette catégorie est tout à fait exceptionnelle. On ne doit avoir recours à ces démolitions très dispendieuses que dans des cas de rigoureuse nécessité et pour obéir à des exigences d'assainissement ou de haute édilité. — Quoique les matériaux de ces maisons soient en général réemployés presque intégralement, le prix de ces matériaux n'est pas une compensation suffisante, même en tenant compte du retour du capital primitif à la circulation, tant sous la forme matérielle que sous le rapport plus vivant de la main d'œuvre et des charrois. Sans doute il n'est ni juste ni avantageux que le prix du loyer représente la valeur d'un double capital. En pareil cas, les parties qui effectuent la démolition doivent établir leurs calculs de manière à revendre le terrain bâti ou non bâti, ou à

---

(1) Indépendamment de 2,494 démolitions opérées par l'administration municipale, il y a eu 2,950 démolitions *volontaires* qui ont donné lieu à autant de reconstructions faites assurément dans des conditions meilleures. Les reconstructions qui ont été la conséquence des 2,950 démolitions *volontaires* ne sont pas comprises dans le chiffre de 15,327 maisons donné plus haut, p. 38.

louer les nouvelles maisons construites, d'après la valeur que
le terrain nu avait au moment de la première expropriation,
en y ajoutant seulement la plus-value naturelle résultant de
l'accroissement régulier des affaires et du mouvement commercial. A un autre prix, on ne trouverait pas d'acheteurs; et si
l'on en trouvait, pourquoi y aurait-il plus à dire sur une affaire de ce genre que sur toute autre affaire commerciale ou
financière, conclue sous le régime de l'offre et de la demande ?...

Mais il y a ici une question préalable qui aurait pu couper
court à bien des alarmes et nous épargner les hauts cris que
la Polémique a jetés. Cette question préalable est celle de savoir si l'inconvénient attaché à la troisième catégorie des constructions existe réellement, et à un degré qui appelle quelque
attention. Or, la vérité est que le nombre des maisons bien situées, bien bâties et en bon état de location qu'il a fallu démolir *pour d'autres objets que ceux de grande édilité* (1), est bien
restreint, s'il n'est pas entièrement nul. Nous n'en connaissons,
quant à nous, aucun exemple.

Les maisons qui ont été démolies rue de Rumford et aux
abords du boulevard Malesherbes, ont été démolies par la
Ville, pour le compte de la Ville, et pour des convenances de
voirie et d'alignement.

Ces convenances de voierie et de circulation existent-elles
réellement? Sont-elles supérieures ou tout au moins équiva-
lentes aux dépenses qui ont été effectuées pour leur réalisation? Examinons ces deux points :

L'exemple choisi par le rédacteur de l'*Opinion nationale* est
celui des démolitions du côté gauche de la rue de Rumford. Il
y a là, dit-on, des maisons toutes neuves, dont six en pierres
de taille, qui vont tomber sous le marteau (2)

(1) Le chiffre exact des démolitions de cette espèce est donné plus haut,
pages 12. Discours de M. le préfet de la Seine.

(2) *La Liberté et les Affaires*, par M. Ad. Guéroult, rédacteur en chef de
l'*Opinion nationale*, page 20.

Depuis la publication de la brochure, ces dix maisons ont été abattues.

L'auteur de la brochure dit que d'autres maisons vont être élevées à leur place, et il fait le raisonnement suivant :

« Ces nouvelles maisons devront payer : 1º le prix du terrain primitif ; 2º la plus-value que va prendre la glorieuse percée du boulevard Malesherbes ; 3º le prix des excellentes maisons qu'on va détruire ; 4º les frais de démolition ; 5º les frais de construction des maisons nouvelles. »

Ce raisonnement repose sur une base entièrement fausse. Les maisons démolies ne seront pas reconstruites en totalité ; la démolition a eu lieu pour élargir la voie publique. Cette voie publique sera, il est vrai, bordée de maisons, et la partie du terrain qui ne sera pas employée pour la voie publique acquerra naturellement une plus-value ; mais cette plus-value ne portera que sur les terrains en eux-mêmes, dégagés du prix des maisons détruites. Le prix des maisons détruites entre dans la dépense de la voie publique.

Cette dépense est déjà compensée, pour une partie considérable, par la valeur de la démolition ; les pierres de taille et autres matériaux provenant des maisons presque neuves ont été vendus, à leur prix, au moment de la démolition.

Déduction faite de cette recette, il reste donc à apprécier si l'achat fait par la Ville d'un terrain bâti, pour le transformer en voie publique a été une opération onéreuse.

La percée du boulevard Malesherbes aura pour effet de livrer à la population parisienne un grand nombre de maisons habitables, dans des quartiers autrefois insalubres, où il ne se trouvait que de misérables constructions et dont l'abord était très difficile.

La disparition de la Petite-Pologne a donné une valeur d'utilité réelle à des terrains qui étaient autrefois des propriétés d'une valeur très inférieure, impropres à l'habitation, au commerce, refuge de classes malheureuses ou même dangereuses, de classes improductives d'impôts et de revenus pour la Ville.

En même temps, un accès facile a été ouvert, par cette per-

4

cée, vers une grande ville autrefois cachée derrière les buttes
de la Petite-Pologne et fermée à la population parisienne par
les murs du parc de Monceaux. Cette grande ville, aujour-
d'hui comprise dans Paris, dont elle forme le dix-septième
arrondissement, est la ville des Batignolles. Elle s'étend de
l'ancien boulevard extérieur à la limite des fortifications. Elle
est déjà couverte et se couvre chaque jour de maisons neuves,
où cette partie de la population qui pouvait avoir à souffrir de
la cherté des loyers, trouve, à un prix raisonnable, d'excellentes
habitations.

Le même mouvement d'émigration et de construction qui
s'est opéré vers le nord-ouest de Paris a eu lieu aussi vers le
sud-ouest, à Issy, Vaugirard, Grenelle, Montrouge; vers le
nord-est et le sud-est, à Clignancourt, à La Chapelle, à Belleville, à Gentilly, du côté de Bicêtre, etc., etc. — Dans ces derniers endroits, c'est plutôt la timidité de la spéculation qu'il
faudrait constater.

Il y a déjà longtemps que le mouvement qui se fait depuis
quelques années à Paris et qui donne lieu à une opposition si
déraisonnable, s'est accompli en Angleterre. Là, personne ne
se plaint que, pour trouver de l'espace, de l'air libre et la fraî-
cheur des champs, on soit obligé de demeurer à une distance de
six, dix et même vingt milles de l'endroit où sont situés le comp-
toir, l'étude, la boutique ou l'atelier. On a bientôt éprouvé le
charme attaché à ce dédoublement du domicile domestique et
du lieu de labeur, ainsi que l'effet salutaire de ces voyages quo-
tidiens pour les personnes qui n'ont pas le loisir de la prome-
nade. — Les avocats, les avoués, les notaires, les agents de
change, les banquiers, les négociants, quelquefois même les
boutiquiers, ainsi que les clercs, les commis et les employés
des divers états, enfin les maîtres et les ouvriers de toutes les
classes ont adopté ce genre de vie et le considèrent comme
avantageux à leur santé et à celle de leur famille; à tel point
qu'il serait très difficile aujourd'hui de déterminer un Anglais
à vivre sur le lieu même où il travaille et exerce sa profession.

Pour un temps, la vie de famille a eu à souffrir de cette séparation complète du lieu de travail et du domicile. Les chemins de fer ont résolu la difficulté. Les cartes d'abonnement à bon marché ont supprimé la distance. Aujourd'hui, un grand nombre d'ouvriers anglais, au lieu de vivre au cabaret comme l'ouvrier parisien, vont prendre en famille le principal repas de la journée : ils dînent chez eux. Il a suffi pour cela d'un changement dans la distribution des heures de travail. Le temps du repas, qui était d'une heure, a été doublé, et le travail de l'après-midi a été prolongé d'une heure. — La presse anglaise a facilité ce changement d'habitudes en multipliant spontanément les informations et les explications ; au lieu d'égarer l'opinion, la publicité l'a éclairée et dirigée.

Afin d'arriver à une saine appréciation de l'œuvre d'ensemble qui constitue *les Travaux de Paris*, il ne faut pas, comme cela est malheureusement arrivé à des adversaires inconsidérés, faire abstraction des moyens de communication.

La critique aurait trouvé à s'exercer utilement si l'on n'avait pas songé à établir de nouveaux moyens de transport, en même temps qu'une partie de la population de l'ancien Paris se déplaçait et que l'accroissement de la population appelait la création de nouveaux quartiers éloignés des points déjà suffisamment peuplés et occupés.

Mais ici encore un examen impartial nous fait voir que la critique a été devancée par des faits d'une importance majeure.

La *Compagnie générale des Omnibus*, le *Chemin de fer de Ceinture*, la *Compagnie impériale des Voitures de Paris* ont heureusement coordonné leurs opérations avec celles du bâtiment. De nouveaux moyens de transport sont venus s'ajouter à de nouveaux moyens d'habitation. L'étude de ces nouveaux moyens de transport, dans leurs relations avec le développement du nouveau Paris, comporte un travail à part. Nous nous bornons pour le moment à une indication sommaire du fait en lui-même, comme complément de la position.

En présence de l'accroissement et de l'extension de la circulation urbaine, il fallait de toute nécessité faciliter les communications. L'élargissement des anciennes voies publiques, le percement de nouvelles rues ont dû faire partie intégrante de l'œuvre des travaux de Paris, et ce point incombait spécialement à la Ville de Paris. C'est là ce que nous appelons la GRANDE ÉDILITÉ. Les terrains auxquels il a été donné une pareille destination ont, directement et par eux-mêmes, une valeur très élevée ; leur valeur *indirecte* provenant du prix qu'ils ajoutent aux terrains et aux bâtiments situés sur leur parcours est bien plus considérable encore. C'est la proportion géométrique et non la proportion arithmétique qu'il faudrait adopter pour base des évaluations de ce genre.

Les frais faits par la Ville sont restés, par conséquent, des dépenses publiques bien compensées par leur utilité. Ces dépenses ont même été plus que compensées par les bénéfices que la Ville a réalisés sur un grand nombre de transactions et par la grande quantité de terrains qu'elle a obtenus à titre gratuit, en considération de la plus-value résultant, pour les propriétés privées, des grands travaux d'édilité exécutés aux abords de ces propriétés.

C'est ainsi que, dans ses transactions avec la *Compagnie Immobilière*, lorsque celle-ci s'est substituée à un traité que l'Administration municipale avait passé avec le propriétaire de vastes terrains qui devaient être traversés par le boulevard Malesherbes, la Ville de Paris a obtenu, à titre gratuit, 9,400 mètres de terrains, que le jury lui aurait fait payer un million au moins. C'est ainsi encore que 87,923 mètres de terrains, faisant partie de l'ancienne plaine de Monceaux, lui ont été abandonnés pour l'ouverture des boulevards et places établis dans ce vaste quartier. — Une autre étendue de 27,000 mètres a été aussi abandonnée gratuitement pour l'agrandissement du parc de Monceaux, qui est désormais un vaste jardin public.

Nous avons déjà montré comment les constructions une fois effectuées, rentrent avec une plus-value considérable dans la circulation active de la richesse sociale, comment elles viennent, de plus, grossir le courant de cette circulation par leurs revenus locatifs, par les dépenses nécessaires à l'entretien et à la réparation, lesquelles dépenses continuent à donner du travail aux principales industries du bâtiment, et même à toutes les industries et à tous les commerces en général. Il est inutile d'insister sur une chose aussi évidente par elle-même.

Si donc il a été employé une somme de 7 milliards en travaux, cette somme est représentée par un capital existant au soleil, par des produits reproducteurs ; une maison est un produit de ce genre. Ce capital de 7 milliards, après avoir donné la commandite aux principales industries pendant qu'il s'employait, est devenu, après emploi, le levier d'une circulation nouvelle, un aliment pour cette création permanente dont le travail est l'agent.

Avec son argument du poids de 7 milliards, la Polémique croit avoir trouvé un épouvantail d'une grosseur suffisante. Mais, heureusement pour les Affaires, cet épouvantail fait vivre et prospérer la meilleure partie de la population laborieuse de Paris, il donne à la population riche une aisance et des satisfactions diverses qu'elle peut payer. Un véritable rayon de lumière venant traverser le trompe-l'œil de la passion fera voir cette dépense de 7 milliards pour ce qu'elle est réellement, c'est-à-dire pour un grand fait de progrès social.

Nous ne sommes pas cependant d'un optimisme sans réserve. Les choses pourraient se passer plus régulièrement. Il y a des tiraillements, des douleurs individuelles, surtout parmi les personnes appartenant à certaines professions dont les intérêts ne se sont pas encore mis en équilibre avec les nouvelles conditions du milieu social. Ces questions sont en elles-mêmes très sérieuses. Mais il ne faut pas en faire des sujets de vaine déclamation. Il faut en chercher la solution pratique. Cette solution est dans l'action, et non dans l'abstention. Elle est dans la continuation des travaux, et non dans leur suspension ; elle est dans la création d'un mouvement industriel complémentaire de celui des grands travaux publics. Plût à Dieu qu'au lieu de 7 milliards seulement, consacrés à l'industrie éminemment reproductive du bâtiment, il fût possible de constater un chiffre double, et même triple, consacré à la colonisation rurale, aux grandes entreprises de navigation et de commerce extérieur, aux institutions de crédit personnel, comme il en existe en Angleterre !

§ V.

Les solutions de la polémique.

Au lieu d'une marche en avant, la Polémique demande un temps d'arrêt dans l'œuvre des constructions. Si demain ses conseils étaient suivis, nous aurions, après-demain, ce qu'elle appelle la crise *des immeubles*, et ce qui serait en réalité la *crise du travail* et du *capital*, dans tout Paris, avec répercussion à la Bourse et sur toutes les valeurs mobilières. Nous aurions donc, grâce aux efforts de la Polémique, tout juste ce qu'elle redoute le plus, comme conséquence des abus qu'elle croit avoir découverts et qu'elle dénonce.

Dérogeant au principe de la liberté négative par une inconséquence qu'elle croit *socialiste*, et qui, du reste, lui fait honneur comme indiquant que, depuis 89, elle a essayé d'apprendre quelque chose, la Polémique propose que la Ville de Paris construise elle-même et se fasse propriétaire de maisons. La Polémique se vante en appelant cela du socialisme : c'est tout simplement une échappatoire; c'est renvoyer la pratique aux calendes de l'impossible, afin de se mouvoir à son aise dans le cercle indéfini de la critique abstraite.

Le socialisme n'a jamais dit qu'il fallait renoncer au principe de la division du travail et de la division des fonctions.

Si, au lieu de vendre avantageusement ses terrains, la Ville de Paris, en même temps qu'elle se priverait de ses ressources actives, augmentait son passif par un surcroît d'emprunts

dont il faudrait payer, à jours fixes, l'intérêt et l'amortisse-
ment ; si elle soumettait ses recettes aux chances de locations
plus ou moins incertaines et plus ou moins désavantageuses,
elle n'empêcherait pour cela aucune crise : elle ne ferait que
s'exposer elle-même aux conséquences des crises qui pourraient survenir. Les causes de ces crises sont purement *économiques* et entièrement indépendantes de l'action des corps
constitués, soit politiques, soit administratifs.

La Ville de Paris opère d'après le double principe de la division du travail et de la combinaison des efforts. Elle commence par vendre avantageusement ses terrains, afin d'augmenter les recettes dont elle a besoin pour faire face à ses
dépenses ordinaires et extraordinaires. Elle traite avec les
acheteurs qui lui présentent les meilleures conditions. Ces
acheteurs sont toujours des constructeurs sérieux qui accep-
tent l'obligation de « construire à toute hauteur et à bref
délai sur les terrains qui leur sont vendus. » — C'est là de l'organisation et de l'association, et surtout de la bonne administration.

Ici doit se terminer l'article relatif aux solutions proposées
par la Polémique. Ce n'est pas notre faute qu'il soit si bref.

§ VI.

Les véritables questions à résoudre.

Sans doute le système que nous venons de décrire laisse
beaucoup à désirer, mais les imperfections qu'il présente ne
sont pas celles que la Polémique a indiquées, et les perfectionnements qu'il comporte ne consistent ni dans la suspension des travaux, ni dans la construction de quelques petits
pâtés de petites maisons, par voie d'industrie municipale.

Quels sont ces perfectionnements ? par quelles combinaisons

serait-il possible de remédier au seul inconvénient dont les nouvelles constructions de Paris doivent porter la responsabilité et la charge, c'est-à-dire à une cherté relativement excessive de *certains* loyers dans *certains* quartiers ? — C'est ce que nous nous croyons en mesure d'expliquer, quand nous aurons déblayé le terrain des pierres d'achoppement accumulées par la Polémique. Aujourd'hui, nous ne faisons qu'une reconnaissance. Mais nous pouvons dire tout de suite que, pour nous, le mot de l'énigme n'est ni dans des *suspensions*, ni dans des *réductions*, ni dans des *restrictions* à réclamer au nom de la liberté.

Le système économique dit de l'offre et de la demande règne en maître aujourd'hui ; personne ne conteste le principe, et si quelqu'un s'en avisait, il y aurait grande clameur *libérale* contre lui. La Ville de Paris agit selon les lois du milieu où elle travaille, et son système financier, qui est une combinaison des efforts de l'industrie privée avec ceux de l'État et de la Municipalité, est le seul tempérament qui existe au régime de concurrence universelle sous lequel nous vivons. Ce tempérament est, à l'heure qu'il est, la meilleure protection possible des intérêts de tous. Les objections que la Polémique peut élever contre certaines conséquences du système économique dit *libre concurrence, liberté des affaires*, ne peuvent pas être mises à la charge des Travaux de Paris. Tous les correctifs, jusqu'ici connus et approuvés, dont ce système soit susceptible, se trouvent dans des règlements déjà imposés ou qui peuvent être imposés aux sociétés anonymes.

La cherté des subsistances, les excès de la Bourse, les extravagances ruineuses du faux luxe dont les gandins de la bohême littéraire, artistique, boursière et pressière ont empoisonné nos mœurs, ne peuvent pas être mis non plus à la charge des constructions de Paris.

La Ville, les entrepreneurs de bâtiments, la Compagnie Immobilière ne sont en rien responsables de la stagnation du commerce de Paris, s'il est vrai que cette stagnation existe réellement.

Ils ne sont en rien responsables de la révolution générale qui s'est faite dans le prix des choses, par la dépréciation du signe monétaire reconnu pour étalon de la valeur.

Et quant à la cherté des loyers de Paris, les efforts de la Ville et de ses auxiliaires ne peuvent qu'y porter remède. — Ce n'est pas la Préfecture de la Seine qui a donné la fièvre aux propriétaires de maisons. L'avidité insensée de ceux-ci peut compter au nombre des principales causes du mal dont on se plaint. Les petits propriétaires de maisons, en spéculateurs novices, se sont imaginé que toute maison, voire même toute baraque dans Paris, était un champ indéfiniment productif qu'il fallait cultiver, en exploitant un article nouveau appelé « le locataire. » Ce n'est pas « la crise des immeubles » qui aura raison de ces marchandeurs impitoyables : ce sera « la crise des appartements vacants » terminée par la résipiscence des propriétaires et des portiers ; résipiscence tardive, que le progrès des constructions de Paris pourra rendre bien amère. Que l'on fasse attention au nombre des écriteaux appendus dans toutes le rues et qui vont se multipliant chaque jour !.....

Au nombre des remèdes nouveaux découverts et demandés par la Polémique, croirait-on qu'il faut compter la suppression du droit d'entrée à la Bourse. Passe encore pour quelques modifications aujourd'hui reconnues indispensables, soit à la loi sur les sociétés en commandite, soit à la manière de lever l'impôt sur les valeurs. Mais ces réformes n'ont aucun rapport direct avec la cherté des loyers, avec la cherté de certains articles de subsistance et de consommation journalière, avec l'insuffisance de certains traitements, encore moins avec cette grande révolution monétaire qui est un des points capitaux de la question. Et encore ces réformes, quand on les fera, ne devront consister ni dans l'abolition de toute règle imposée à ce qu'on appelle la liberté des affaires, ni dans l'immunité de tout impôt accordée, comme privilége de Bourse, aux valeurs mobilières, c'est-à-dire à celles qui peuvent d'autant mieux payer un impôt sur le revenu qu'il ne se percevrait que sur leurs dividendes.

Faut-il rappeler aussi que la Polémique a trouvé moyen

d'introduire dans le catalogue des remèdes à « la crise actuelle » cet éternel lieu commun de la liberté de la presse. Comme si l'Etat, comme si la législation et l'administration étaient pour quelque chose dans les aliénations volontaires que la presse, même la plus scrupuleuse, au moins pour le compte d'autrui, a faite, depuis longtemps, de sa propre liberté et de ses propres colonnes aux plus mauvaises compagnies et au service des plus mauvaises affaires ! Comme si le Gouvernement impérial, même avant la date mémorable du 24 novembre 1860, avait jamais empêché la presse d'étudier et de discuter les questions économiques relatives aux loyers, aux salaires, aux subsistances, au prix des choses, aux débouchés nouveaux que le commerce réclame !

Nous allons terminer par une observation qui donnera d'un coup la mesure des singuliers procédés de la Polémique et de la légitimité de ses exigences. Nous avons fait allusion à la révolution monétaire qui a été la suite de la découverte des gisements d'or en Californie, en Australie et sur d'autres points du globe. Depuis les découvertes de métaux précieux au Mexique et au Pérou, il ne s'est rien passé de plus important pour les affaires. Pendant ces dernières vingt années, il a été versé plus de quinze milliards d'or dans la circulation monétaire du monde. Il s'en est suivi une dépréciation d'environ 20 0/0 dans la valeur du signe représentatif qui sert de gage réel et de base première à toutes les transactions ; d'où il résulte qu'une pièce de 5 francs ne vaut plus que 4 fr., comme moyen de comparer le prix des choses aujourd'hui au prix des choses en 1840.

Par là, toutes les évaluations, tous les rapports de prix ont changé. Les proportions n'ont pu se rétablir ni sans tiraillements ni selon les règles d'une parfaite justice distributive. Les plus forts et les mieux avisés ont dû profiter les premiers, et régler en conséquence les conditions de leurs affaires. Or, les propriétaires et les marchands sont les plus forts et les mieux avisés, ils ont dû naturellement prendre les devants. Quoi qu'il y ait à dire sur un pareil changement, il est au moins une donnée essentielle dans la discussion de toute question économique.

Comment se fait-il que la Polémique n'ait tenu aucun compte de ce fait dans ses raisonnements, déductions et comparaisons ?...

En Angleterre, les importations d'or étaient à peine commencées, que la presse de toutes les opinions, avec un soin, une persistance et un bon accord qui font honneur au bon sens du peuple anglais, préparait chacun à ce qu'il pouvait attendre d'autrui et demander pour lui-même dans ce remaniement universel de tous les prix et des conditions de tous les contrats. Bref, cette révolution s'est accomplie en Angleterre sans tiraillement sensible. Des déplacements d'intérêts tout au moins aussi considérables que ceux qui ont été produits en France par les travaux de l'édilité parisienne, la construction des chemins de fer dans tout le Royaume-Uni, la construction des chemins de fer dans les quartiers les plus populeux de Londres, se sont opérés sinon sans souffrance, au moins sans clameurs contre le Gouvernement et contre les Compagnies, sans aucune prise d'armes contre telles et telles personnes, contre telles et telles affaires.

D'où vient cela ? — Il semble que de tels faits ont leur place dans le débat qui est soulevé.

Pourquoi ne sont-ils pas même indiqués ? Autres questions, autres avertissements pour le bon sens du peuple français.

Telle est, selon nous, la contre-partie que les Affaires doivent opposer aux attaques inconsidérées de la Polémique, à ses déclamations sans portée sérieuse pour le bien, et toujours à côté des véritables questions. S'il faut entrer dans le détail et suivre un à un les divers points touchés en passant dans cette revue d'ensemble, les Affaires auront tout à y gagner ; et nous ne craignons pas de dire que les Affaires sont en mesure, elles aussi, de profiter de l'occasion.

JULES LECHEVALIER SAINT-ANDRÉ.

TABLE DES MATIÈRES

PARIS. — IMPRIMERIE DE DUBUISSON ET Cⁱᵉ, RUE COQ-HÉRON, 5.

Paris. — Imprimerie Dubuisson et C°, rue Coq-Héron, 5